BARREAU DE POITIERS

DE LA RÉFORME

DU CODE D'INSTRUCTION CRIMINELLE

DE L'INSTRUCTION CONTRADICTOIRE

DISCOURS

PRONONCÉ

A LA SÉANCE SOLENNELLE DE RÉOUVERTURE DE LA CONFÉRENCE
DES AVOCATS STAGIAIRES

Le 16 Décembre 1893

PAR

Maurice POULIOT

Avocat à la Cour d'Appel, Secrétaire de la Conférence

POITIERS

IMPRIMERIE BLAIS, ROY ET Cie

7, RUE VICTOR-HUGO, 7

1894

BARREAU DE POITIERS

DE LA RÉFORME

DU CODE D'INSTRUCTION CRIMINELLE

DE L'INSTRUCTION CONTRADICTOIRE

>+=+<

DISCOURS

PRONONCÉ

A LA SÉANCE SOLENNELLE DE RÉOUVERTURE DE LA CONFÉRENCE
DES AVOCATS STAGIAIRES

Le 16 Décembre 1893

PAR

Maurice POULIOT

Avocat à la Cour d'Appel, Secrétaire de la Conférence

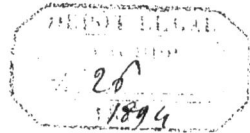

———o———

POITIERS

IMPRIMERIE BLAIS, ROY ET Cⁱᵉ
7, RUE VICTOR-HUGO, 7

—

1894

IMPRIMÉ AUX FRAIS DE L'ORDRE PAR DÉCISION DU CONSEIL

Le samedi 16 décembre 1893, à deux heures, l'Ordre des Avocats à la Cour d'appel de Poitiers s'est réuni, en robe, dans la salle d'audience de la première chambre de la Cour, pour assister à l'ouverture de la conférence des avocats stagiaires.

Étaient présents : MM^{es} Paul Druet, ancien Bâtonnier, suppléant Me Pichot, Bâtonnier, absent ; Parenteau-Dubeugnon, ancien Bâtonnier ; de la Ménardière, Orillard, Séchet, Tornezy, membres du conseil ; Ducos-Delahaille, Fontant, David, et Deleffe, avocats inscrits au Tableau.

La Barre était occupée par MM. les avocats stagiaires.

Me Druet a ouvert la séance, et a annoncé la reprise des travaux de la conférence.

La parole a ensuite été donnée à Me Traver, qui a lu une étude sur : *Les Frais de justice en matière civile.*

Puis Me Pouliot a donné lecture d'une étude sur : *La Réforme du Code d'instruction criminelle. L'instruction contradictoire.*

Après ces deux discours, le Président a réglé le service des conférences pour les séances ultérieures.

La séance a été levée à quatre heures.

DE LA RÉFORME

DU CODE D'INSTRUCTION CRIMINELLE

DE L'INSTRUCTION CONTRADICTOIRE

Monsieur le Batonnier,

Messieurs,

Nous vivons à une époque où les institutions du passé sont de toutes parts battues en brèche, et où le mot de *réformes* retentit plus que jamais dans les programmes politiques et dans les polémiques de la presse. Des écoles entières dénoncent comme insuffisante et en retard sur les besoins de la société moderne notre grande œuvre législative du commencement de ce siècle. Un peu partout, on en réclame une révision sérieuse, qui la mette au niveau de celle des peuples voisins. La refonte générale de notre procédure est préparée depuis plusieurs années par une grande commission extra-parlementaire ; l'organisation judiciaire est aussi l'objet de vives critiques, et les bases en vont être sans doute modifiées pro fondément par l'extension de la compétence des juges de paix. Le Code civil lui-même n'a pas trouvé grâce devant les réformateurs, et il est vrai que depuis 1804 quelques-unes de ses parties ont cessé d'être en harmonie avec les changements de la société et des mœurs.

Les lois criminelles n'ont pas échappé à ce mouvement général, et c'est le contraire qui aurait lieu d'étonner. « La législation pénale, dit Chauveau, est la partie essentiellement variable et progressive de la législation générale. Comme !elle est en rapport intime et immédiat avec les mouvements de la civilisation, elle doit les suivre, sous peine d'être oppressive]ou insuffisante. »

De là l'éclosion successive de plusieurs lois (1) qui ont tendu à améliorer sur certains points les parties les plus critiquées de notre législation]répressive. De là aussi le projet de réforme du Code d'instruction criminelle,]que le Gouvernement a soumis au Parlement dès 1879, et dont plusieurs délibérations approfondies ont préparé le succès dans un avenir sans doute prochain. J'ai pensé qu'il y avait dans ce projet, qui touche au problème toujours passionnant de la conciliation des droits [respectifs de la société et des individus, la matière de quelques réflexions intéressantes, surtout si l'on veut bien prendre garde que la réforme projetée doit être pour notre ordre la source de nouveaux droits et de devoirs plus étendus.

Je n'ai pas certes l'intention d'épuiser] ce vaste sujet, ni même d'en effleurer tous les détails. Je me contenterai d'examiner la partie centrale de la réforme, dont les autres points (2), intéressants sans doute, ne sont pour ainsi dire que l'accessoire : je veux parler de l'introduction dans nos lois et de la réglementation du principe de la contradiction dans l'instruction préparatoire.

***

La procédure pénale, pour satisfaire aux règles imprescriptibles de la justice, doit réunir au même]degré deux caractères : Elle doit assurer la [protection de la société, que la violation de ses lois a mise dans l'état de légitime défense, qui a contracté elle-même vis-à-vis de ses membres honnêtes et paisibles l'obligation de faire respecter leurs intérêts (3), et dont le droit]de punir vient précisément du mal que le criminel a fait. — Elle doit, d'autre part, être

(1) Lois du 27 mai 1885 sur la rélégation, et du 14 août 1885 sur les moyens de prévenir la récidive; loi du 26 mars 1891, sur l'atténuation et l'aggravation des peines (loi Bérenger).
(2) Le projet traite aussi de la police judiciaire, des rapports des juges d'instruction et du ministère public quant au droit de poursuite, de la réglementation des interdictions de communiquer, de la chambre des mises en accusation, etc.
(3) M. Pompei, avocat général à la Cour de Montpellier. — *Observations sur le projet de la réforme criminelle: des droits de la société vis-à-vis de l'individu.*(Audience de rentrée du 16 oct. 1888.)

combinée de telle sorte que toutes les mesures de précaution légitimement prises pour arriver à la découverte du coupable ne rendent pas illusoire le droit de défense de celui qui n'est encore qu'un inculpé. En un mot, la loi doit protéger deux intérêts en présence, et si celui de la société est infiniment respectable, celui de l'individu ne l'est pas moins. A un point de vue plus élevé, il n'y a même qu'un intérêt à satisfaire; comme M. Goblet le déclarait énergiquement à la Chambre : « Il n'y a pas là seulement un intérêt individuel en face de l'intérêt public ; l'intérêt de la défense est également l'intérêt de la société; c'est un intérêt social que l'accusé puisse librement et complètement se défendre, et que la société ne soit pas exposée à punir injustement un innocent (1). »

Et ce respect des personnes, que réclame la justice, un peuple doit l'avoir fait passer dans sa législation, s'il veut à bon droit se pouvoir vanter d'être libre : « La liberté politique, dit Montesquieu, consiste dans la sûreté, ou du moins dans l'opinion qu'on a de sa sûreté. Cette sûreté n'est jamais plus attaquée que dans les accusations publiques ou privées. C'est donc de la bonté des lois criminelles que dépend principalement la liberté des citoyens (2). »

**
**

Cette conciliation de l'intérêt social et de l'intérêt individuel, se trouve-t-elle dans le Code de 1808 ?

Il faut, à cet égard, distinguer entre les deux phases de la procédure. La seconde, celle qui se poursuit à l'audience pour aboutir à la déclaration de culpabilité ou de non-culpabilité, est organisée d'une manière assez satisfaisante : la publicité, la part qui est faite à la défense, l'assistance, dans les matières les plus graves, d'un jury échappant par son origine à tout soupçon de partialité, l'organisation, pour les infractions moins graves, d'un second degré de juridiction, sont autant de garanties que la loi donne à l'accusé, et qui permettent de tenir la balance égale entre les deux intérêts que j'ai signalés. Mais on n'en saurait dire autant de la première phase, de celle qui a pour but de rassembler les preuves, de réunir les charges qui permettront de déférer l'inculpé à la juridiction de ju-

(1) Séance de la Chambre des députés, du 31 juillet 1884 (*Journal Officiel*, 1884, 2e v., page 2193).
(2) *Esprit des lois*, livre XII, ch. 2.

gement. Cette instruction préparatoire est conçue dans un esprit
suranné, d'après des principes qui cadrent mal avec les maximes
générales de notre droit politique ; la loi a rompu ici l'équilibre
entre l'accusation et la défense, et, comme nous le verrons bientôt,
les dispositions libérales qu'elle a établies pour l'audience, ne par-
viennent pas à effacer ce vice originel de l'instruction (1).

Elle confie à un magistrat unique le soin de découvrir les auteurs
des crimes et de réunir les éléments de leur culpabilité. Ce magistrat
a entre les mains les pouvoirs les plus étendus qu'un homme ait
sur un autre : sur un signe de lui, la liberté individuelle est suspen-
due, et un citoyen enlevé à ses affaires et à sa famille. Il a tout
moyen à sa disposition pour assurer la manifestation de la vérité :
il contraint les voisins, les amis de cet homme à lui exposer sous la
foi du serment, tout ce qu'ils peuvent connaître de l'affaire ; le secret
des serrures et des correspondances n'existe pas pour lui, et il peut
troubler le repos même de la mort, pour suivre partout les traces
du crime. Il a l'inculpé à sa portée, et peut, suivant son inspiration,
le tenir dans un isolement rigoureux ; il l'interroge aux heures
qu'il choisit, sur les faits et dans l'ordre qu'il lui plaît, et use des
ressources d'une longue expérience pour l'amener à un aveu. Ce
magistrat, que la loi charge ainsi de ce ministère redoutable, elle
le met sous la dépendance d'un autre magistrat qui est le représentant attitré de l'intérêt social, ou, comme l'on dit, de la vindicte
publique ; elle ne lui assure pas la sécurité légale du lendemain (2),
et elle ne le prend pas assez haut dans la hiérarchie judiciaire (3),
elle ne lui donne pas une situation assez définitive, pour que sa
conscience, si elle n'est pas à la hauteur de sa mission, le mette à
l'abri d'une complaisance récompensée.

Voilà les droits de celui qui prépare la décision finale de la justice : voilà ce qu'il peut pour la défense de la société. Si l'accusé

(1) « Le jury, le débat oral et sa publicité, sans la publicité de l'information
préparatoire, pourraient être comparées à une personne portant un beau vête-
ment de dessus et un linge de corps tombant en lambeaux, à une pièce où l'on
ne viserait qu'à l'effet, à une maison sans fondement. » (Mittermaier, *Traité de
la procédure criminelle en Angleterre, en Ecosse et dans l'Amérique du Nord*, p.
249.)

(2) Le projet voté par le Sénat a consacré l'amovibilité du juge, quant aux fonctions de l'instruction.

(3) Le projet, contrairement à celui du gouvernement, maintient le droit de
prendre les juges d'instruction parmi les juges suppléants (art. 41).

est innocent, — et théoriquement, il peut toujours l'être, — quelle situation lui est faite en face de ce terrible pouvoir ?

A cette question, voici ce que répond l'éminent criminaliste M. Léveillé : « L'inculpé a-t-il près de lui, dès la première violence qu'il subit, dès son arrestation préventive, un conseiller qui supplée à son inexpérience personnelle ? Non ; le défenseur n'est obligatoire qu'à la veille de l'audience.

« L'inculpé connaît-il, jour par jour, les charges que le juge rassemble contre lui ? Non ; il peut sans doute, à un moment tardif, adresser à la chambre d'accusation des mémoires justificatifs ; mais ces mémoires, qu'il est incapable de rédiger lui-même, comment les rédigerait-il utilement, quand il n'a pu lire les pièces du dossier ? comment pourrait-il discuter des faits qu'il ignore ?

« Contre l'autorité discrétionnaire du juge, contre des abus de pouvoir possibles, l'inculpé est-il sauvegardé par la publicité de l'instruction ? Non. L'instruction, si longue qu'elle soit, à quelque époque qu'on l'étudie, demeure secrète, toujours secrète ; c'est à huis-clos que le juge entend les témoins, interroge l'inculpé, quand il le veut, comme il le veut, aussi souvent ou aussi rarement qu'il le veut (1). »

A cet inculpé, isolé toujours, sequestré souvent, ignorant du drame où il joue le premier rôle, incapable de provoquer les mesures d'instruction qui éclairciraient l'affaire, reste-t-il du moins la ressource de faire la lumière par son interrogatoire ? Hélas, c'est encore en arme de l'accusation que se transforme ce qui devrait être l'arme de la défense. On en a condamné le principe : « Pourquoi, dit Prévost-Paradol, l'accusé est-il interrogé contre lui-même, c'est-à-dire sommé de se perdre par sa propre bouche, contre tous les instincts et contre tous les droits de la personne humaine, s'il est coupable, et exposé à se mettre lui-même en péril par ses réponses maladroites, s'il est innocent (2) ? » Comment donc qualifier cet interrogatoire, quand tout y converge vers un aveu, et qu'un magistrat instruit, exercé, en face d'un homme ignorant, affaibli et intimidé par la mise au secret, lui pose dans l'ordre qu'il juge le plus convenable, des questions habiles, loyales sans doute, mais

(1) Léveillé, professeur à la fac. de droit de Paris. *De la réforme du Code d'instruction criminelle*, page 5.
(2) Prévost-Paradol. *La France nouvelle*, livre II, chap. VII, page 185.

préparées de longue main, et décelant moins une anxieuse indéci-
sion que les déductions d'une conviction déjà formée? Par une
fâcheuse tradition, que nous avons gardée de l'ancien régime, et
que la loi anglaise ne connaît pas, on fait de cet interrogatoire, et
de l'aveu qui peut s'ensuivre, la pièce capitale de l'instruction :
« L'interrogatoire, pour un magistrat habile, c'est, dit M. Duverger, la moitié de l'instruction. C'est plus encore avec le secret, qui
est le levier le plus puissant pour enlever un aveu (1). » Cet aveu
ainsi « *enlevé* », vous savez, Messieurs, l'usage qu'on en fait à
l'audience contre l'inculpé, et comment l'évidence même ne peut
pas toujours prévaloir contre lui, en dépit des rétractations.

Je vois donc s'évanouir toutes les garanties que l'accusé pourrait
avoir contre le pouvoir exorbitant du juge, et je ne puis que conclure, avec M. Léveillé : « Il est scientifiquement désarmé. » Peu
m'importe, dès lors, qu'on se départe parfois de cette rigueur, que
son excès même aboutisse souvent à faire innocenter par le jury
des coupables qui bénéficient d'une défiance systématique contre
l'instruction ; j'ai le droit de m'en prendre à la loi même, et constat-
tant cette rupture d'équilibre entre l'accusation et la défense, de
reprendre contre elle le mot sévère d'un Procureur général, M. Dauphin, le mot de *partialité* (2).

Cependant les défenseurs de cette procédure, — toute institution
a les siens — reconnaissant jusqu'à un certain point l'existence de
ce vice, ont cherché à en atténuer la portée. Dans la discussion au
Sénat du projet de réforme que nous aurons à examiner, on a sou-
tenu que l'instruction n'avait pas cette importance capitale qu'on
lui attribue : elle n'est après tout qu'une opération provisoire, une
reconnaissance générale de l'affaire ; d'ailleurs, le jugement, qui
seul emporte la condamnation de l'inculpé, est chez nous parfaitement organisé.

— Je veux bien admettre provisionnellement l'exactitude de
cette dernière proposition : oui, la publicité de l'audience, l'indépendance du jury, le débat oral qui reprend l'affaire à sa base,
offrent un minimum de garanties, qui laissent peu à désirer ; mais

(1) Duverger. *Manuel des juges d'instruction*, t. II, p. 441.
(2) « La lutte entre la poursuite et la défense n'est pas égale ; la loyauté et la
prudence indiscutée de nos magistrats ne réussissent pas toujours à suppléer à
la *partialité du législateur.* » (M. Dauphin. Rapport au Sénat, séance du 6 mars
1882. *Journal Officiel*, 1882, Sénat-Documents, page 113.)

tous ces bienfaits perdent singulièrement de leur valeur, ou plutôt sont à peu près annihilés par notre instruction surannée : il n'est pas exact qu'elle ne soit qu'une préparation de l'instance, qu'elle n'ait qu'une faible influence sur son dénouement.

L'expérience quotidienne est là pour le prouver. L'accusation ne se borne pas à se servir de l'instruction pour faire rassembler des preuves, acquérir un commencement de conviction, et venir avec quelque vraisemblance demander de statuer, à la juridiction de jugement. Les deux phases se pénètrent bien davantage : « les procès-verbaux de l'information, qui relatent les premières dépositions des témoins, les premières réponses de l'inculpé, ces documents qu'on appelle provisoires, le président de la cour d'assises, en vertu de son pouvoir discrétionnaire, les verse chaque jour aux débats, et chaque jour le Procureur général s'en fait une arme contre l'accusé (1). » Nous savons tous de quel poids peuvent être sur l'esprit des jurés ces déclarations écrites, tombant d'un siège dont l'autorité doit les frapper ; il est malaisé, en face d'une accusation retranchée derrière cette pièce officielle, de lui opposer les témoignages de l'audience. Je puis même rappeler, — sans abuser du facile argument des erreurs judiciaires — que la justice a dû plusieurs fois, en revisant solennellement ses propres décisions, reconnaître des condamnations qu'un aveu faussement échappé à l'instruction avait seul entraînées ; les dénégations les plus formelles, les protestations d'un accusé mieux inspiré n'avaient pu prévaloir contre la défaillance d'un instant : le défaut de notre instruction préparatoire avait paralysé toutes les autres garanties.

Je vais plus loin, et je dis que, les contradictions dussent-elles même toujours profiter à l'accusé, il y a là quelque chose de profondément regrettable. Quelques coupables auront ainsi échappé à l'action de la justice ; mais des innocents auront vu se prolonger la torture morale qu'ils ne devront qu'au vice de la loi. L'instruction devrait être conçue dans un tel esprit d'impartialité que l'on ne pût pour ainsi dire plus contester ses conclusions. Et tout le monde ne gagnerait-il pas à ce qu'il en fût ainsi ? Il reste, je le sais, l'absolution du jury, ressource suprême, qu'on ne laisse pas de poursuivre, d'obtenir aussi, heureusement. Mais pensez-vous que ce soit là une

---

(1) Léveillé. *De la réforme du Code d'instruction criminelle*, page 9.

solution si désirable, et qu'on ne doive pas souhaiter de toutes ses forces d'y être réduit le moins possible ? Permettez-moi, Messieurs, de répondre à cette question par les lignes suivantes d'un magistrat de la cour de Poitiers : « Je n'aime pas les acquittements, écrivait M. Rondeau, car ils sont toujours le résultat d'une fâcheuse erreur. Quand je vois un accusé descendre, acquitté, du banc de la cour d'assises, je me dis qu'un grand mal vient de se produire : car si cet homme est coupable, n'est-il pas triste de penser que les magistrats ont été impuissants à le convaincre, et que c'est le plus souvent par leur faute que son crime demeure impuni ? Et si, au contraire, il est innocent, quelle douleur de songer, que, par leur faute encore, ce malheureux a subi toutes les tortures d'une accusation injuste, et qu'il a été conduit jusqu'à ce banc d'infamie, d'où l'on peut sortir libre, mais par le contact duquel on est toujours plus ou moins flétri (1) ? »

Ces réflexions montrent toute l'importance de l'instruction préparatoire, qu'on avait voulu atténuer. Je puis donc maintenir avec une force nouvelle la conclusion que j'avais déjà formulée: cette instruction sacrifie abusivement la défense à l'intérêt social.

***

Ce n'est pas d'aujourd'hui qu'on fait ce reproche au Code. Né dans une heure de réaction contre les aventureuses nouveautés du droit intermédiaire, il en a trop pris le contre-pied, et s'est attaché à reproduire trop exclusivement la procédure de l'ancien régime, telle que l'avait fixée l'Ordonnance de 1670. Pour montrer jusqu'à quel point celle-ci allait dans son souci unique de convaincre les coupables, il me suffira de rappeler qu'elle consacrait, en le réglementant, l'usage de la question, triste legs que la justice royale tenait des officialités, et qu'elle ne répudia qu'à la veille de la Révolution (2). La monarchie, en se fortifiant, avait, aux traditions gauloises et germaines qui ont « toujours été pour la liberté de la défense, pour l'instruction publique, et pour le jugement par les pairs (3) », substitué les règlements même de l'Inquisition : « préoc-

---

(1) Rondeau, conseiller à la Cour de Poitiers. — *De la réforme de la procédure criminelle en France*, page 63.

(2) Déclaration royale du 24 août 1780, abolissant la torture préparatoire.

(3) M. Goblet, rapporteur de la commission de la Chambre des députés. Séance du 5 nov. 1884.

cupée avant tout, dit un historien, d'assurer la répression et faisant
bon marché de l'existence et de la liberté des individus, ne s'api-
toyant guère sur l'humaine souffrance, elle employa à l'égard du prévenu tous les moyens de nature à lui faire avouer le crime, à lui
ôter les échappatoires (1) ».

Cependant, sous le règne de Louis XV, les esprits éclairés pro-
testaient hautement contre cet état de choses ; en 1766, l'avocat
général Servan, prononçant une mercuriale devant le Parlement de
Grenoble, réclamait hardiment la réforme : « Le nom de sauveur,
disait-il, doit être réservé pour le souverain qui rendra l'instruction
criminelle publique dans ses Etats et fera juger l'accusé par ses
pairs. » Et Voltaire déclarait : « En France, le Code criminel paraît
être dirigé pour la perte des citoyens (2). » Et dans les cahiers des
Trois-Ordres pour les élections aux États-Généraux, on va retrou-
ver l'écho de ces réprobations (3) ; des publicistes, le besoin de réforme est descendu à la nation, qui réclame formellement, et sur
tous les points du royaume, un régime plus équitable d'instruction.

Le décret de la Constituante, du 8 octobre 1789, donna large-
ment satisfaction à ces vœux ; mais ses nouveaux principes, ballottés
durant la Révolution dans plusieurs lois éphémères (4), sombrèrent
définitivement en 1808. Ce ne fut pas d'ailleurs sans résistance.
Plusieurs cours d'appel, consultées sur le projet de Code, réclamè-
rent le maintien des garanties de l'accusé : « La procédure établie
par l'ordonnance de 1670 fut, dit la cour de Pau, justement censu-
rée pour deux raisons principales : la première, que l'instruction
était secrète, la seconde que l'accusé était sans conseil (5) ». Au
conseil d'État, des jurisconsultes éminents, comme le tribun Si-
méon, proposaient de confirmer le contrôle du juge et la libre communication des pièces, et Bigot-Préameneu constatait que la publicité de l'instruction avait obtenu l'assentiment général (6).

(1) Alfred Maury. La législation criminelle sous l'ancienne monarchie. Revue des
Deux-Mondes, 15 sept. 1877.
(2) Voltaire. Mélanges. Prix de la justice et de l'humanité, 1777, art. 23. Œu-
vres complètes, éd. Beuchot, t. 50.
(3) Not., cahiers de la noblesse de Vermandois. Mantes, cahiers du clergé.
Paris, La Rochelle, Toul, Lyon, cahiers du Tiers.
(4) Loi du 29 sept. 1791, Code de brumaire, an IV, loi du 7 pluviôse, an IX.
(5) Observations des cours d'appel sur le projet de Code d'instruction criminelle,
XIII, p. 107.
(6) Baron Locré. La législation civile, commerciale et criminelle de la France,
t. XXIV, p. 40.

Ce furent pourtant les idées opposées qui prévalurent : le principe d'autorité, si fortement implanté dans la constitution politique du moment, fut abusivement transporté dans l'ordre répressif : de même que, sous cette influence, on fit du Code Pénal une arme d'intimidation, le Code d'Instruction criminelle fut uniquement le puissant auxiliaire de la défense sociale : l'avantage qu'on faisait à l'accusé par l'organisation plus libérale du jugement, on le lui retirait en maintenant dans l'instruction tout ce que l'adoucissement des mœurs permettait de conserver de l'ancienne procédure.

**

On a peine à croire qu'après quatre-vingt-cinq années, nous en soyons toujours au même point. Ce n'est sans doute pas faute de critiques contre le Code ; elles ont commencé, souvent violentes, presque au lendemain de sa promulgation, et je ne manquerais pas, Messieurs, de vous en citer quelques-unes, si je ne leur avais trop servilement emprunté celles que j'ai formulées moi-même. Il me sera permis du moins de les parer de l'autorité qui me manque, en les mettant à l'abri des grands noms de Dupin, de Bérenger, de Faustin-Hélie, et de Prévost-Paradol (1).

Tant d'efforts et tant d'attaques n'empêchent pas d'être encore debout le monument qui a eu à les subir. En faut-il accuser le peu de fixité de nos constitutions politiques, qui n'a guère permis aux cinq ou six régimes qui se sont succédé chez nous en ce siècle, que de travailler à se fonder dans la première moitié de leur existence, et dans la seconde, à se défendre contre les assauts qui les allaient emporter ? Faut-il s'en prendre à cette légèreté que les historiens antiques reprochaient déjà à nos ancêtres gaulois, et qui, jointe à notre peu de tendance pour l'esprit d'association, nous rend inhabiles à faire passer dans la loi, par le pétitionnement et la propagande, les idées que nous goûtons le plus dans nos livres ? Il y a sans doute un peu de ces deux causes, mais je crois qu'il ne faut pas oublier non plus cette remarque dès longtemps faite, que si notre race possède à un degré éminent le don de poser de grands principes, et par des initiatives hardies, de fonder de solides réformes, elle est privée du sens du perfectionnement, en sorte qu'elle

(1) Dupin. *De la libre défense des accusés.* — Prévost-Paradol, *la France nouvelle.*

se voit rapidement dépasser par ses voisins,qui n'ont eu que la peine de corriger patiemment et au jour le jour les institutions qu'elle avait créées.

Ce reproche de stagnation, qu'on a pu justement faire au légis- lateur d'hier, le législateur de demain ne le méritera sans doute plus. Depuis quelques années, en effet, le Parlement s'est vigou- reusement attelé à la réforme de l'instruction préparatoire. M. Emile Ollivier avait pris en 1870, l'initiative d'un projet qui disparut dans les sombres évènements de cette même année. Son idée fut reprise en 1878 par M. le garde des sceaux Dufaure, qui constitua une grande commission extra-parlementaire, chargée de préparer un travail d'ensemble. Le Sénat, saisi l'année suivante, a voté en 1882 un projet assez différent du texte primitif ; c'est celui que nous allons examiner, bien que les lenteurs de la procédure parle- mentaire le laissent encore aujourd'hui pendant devant l'autre Chambre.

***

La commission sénatoriale, qui comptait dans son sein plusieurs magistrats éminents (1), n'a pas cherché à défendre contre ses dé- tracteurs le régime actuel de l'instruction ; elle s'est associée dans une large mesure à leurs critiques, et mise hardiment à l'œuvre de réforme. Et si elle n'a pas cru devoir, par la recherche de l'absolu, risquer de compromettre le réalisable, si elle a gardé les bases de l'ancien Code, au lieu d'en faire un nouveau, on n'en doit pas moins rendre hommage à son effort considérable et à l'amélioration sen- sible qu'elle a préparée. Le Sénat l'a suivie sur ce terrain, en con- firmant presque toutes ses décisions.

Il a très bien compris que, ce qu'il fallait réaliser, c'était préci- sément cet équilibre, cette égalité dont tous déploraient l'absence. Mais allait-on, par une nouvelle réaction, donner à l'intérêt indivi- duel une place prépondérante, et sacrifier la défense sociale qui était jusque-là au premier plan ? Cet écueil a été heureusement évité : on n'a pas touché dans leur ensemble aux pouvoirs du ma- gistrat instructeur, jugés nécessaires à la manifestation de la vérité;

(1) MM. Bertauld, procureur général à la Cour de cassation, président de la com- mission; Ronjat, depuis procureur général à la même cour; Le Blond, conseiller Dauphin, premier président de la Cour d'Amiens, rapporteur, etc

mais on a créé pour l'accusé tout un ordre de garanties. La quasi-omnipotence du juge, dangereuse en face d'un individu désarmé, sera maintenant légitime, parce qu'elle aura une contre-partie. La société n'y perdra rien, la défense y gagnera beaucoup, et, sans se lancer dans l'inconnu, on aura constitué une nouvelle sorte d'instrution, qui ne sera pas parfaite, sans doute, mais approchera d'assez près la somme d'améliorations pratiques que nos mœurs peuvent comporter. Pour caractériser cette réforme, je ne puis mieux faire que d'emprunter quelques lignes au rapport de M. Dauphin : « Ce procédé mixte conservera du système inquisitorial le droit pour le juge d'instruction de diriger l'information, de rechercher et de recueillir les preuves, d'interroger les témoins et les inculpés, de prendre toutes les mesures utiles à la manifestation de la vérité ; mais il empruntera à la méthode accusatoire le droit pour l'inculpé de suivre l'instruction dans toutes ses phases, de prendre une connaissance complète de tous les actes, d'y contredire, de requérir du juge ceux qui peuvent servir à sa défense ; et dans cette alliance des deux théories, il trouvera son caractère propre et son nom : « Méthode contradictoire » (1).

C'est donc la contradiction qu'on a voulu instituer. Elle était déjà la base de la procédure à l'audience, et on s'accordait à lui reconnaître de bons résultats. On en a donc étendu le principe à l'instruction préparatoire. Mais cette extension n'est pas faite dans des conditions d'imitation absolue. Ici, en effet, il ne s'agit pas encore de juger, mais de préparer le jugement ; s'il est vrai que l'ordonnance à laquelle on doit aboutir, a la plus haute importance, puisqu'elle entraîne absolution ou présomption légale de culpabilité, il ne faut pas oublier que l'instruction est moins une lutte qu'une recherche minutieuse des faits, demandant chez celui qui la dirige une certaine liberté d'allures. La contradiction ne se réalisera donc pas pour un débat permanent dans le cabinet du juge entre le représentant de la société et le conseil de l'inculpé ; elle ne se révèlera pas seulement par la présence du défenseur à telle ou telle phase de la procédure, à tel ou tel acte de l'instruction ; cette présence n'en est qu'une des manifestations. La défense est surtout, au sens du projet, dans les droits qu'on donne à l'inculpé lui-même

(1) Rapport au Sénat, *Journal Officiel.* Documents du Sénat, 1882, page 113.

au recours qu'on lui réserve contre les décisions qui lui préjudicient, en un mot, dans tous les moyens à l'aide desquels on peut arriver, non seulement par les efforts du ministère public et du juge d'instruction, mais par l'intervention de l'inculpé lui-même, à la recherche de la vérité (1).

Cette contradiction, que le projet établit, il faut d'abord la faire naître : je veux dire par là qu'il faut mettre l'inculpé à même de répondre à l'accusation par son interrogatoire, et par les réquisitions qu'il formulera. Dans la théorie de la loi, au moins d'après l'interprétation de la commission sénatoriale, l'interrogatoire n'est pas une arme de l'accusation, un moyen d'arriver à un aveu, mais bien un moyen donné à l'individu de se défendre. J'ai même essayé de montrer que c'était actuellement sa seule arme de défense, et que, dans la pratique constante, elle se retournait contre lui. Cela tient à l'ignorance où on le laisse, des charges qui sont relevées contre lui : pressé de questions habiles, amené sur un terrain qu'il ne connaît pas, il y trébuche et se laisse aller à des aveux ou des déclarations qui, consignés au procès-verbal, et versés aux débats, compromettront gravement sa défense. Pour qu'il n'y ait pas de surprise, il faut donc que l'inculpé soit informé de toute la procédure, il faut qu'on lui communique les charges, les résultats des constats et des expertises, l'essence des dépositions des témoins. Lorsqu'un inculpé saura exactement sur quoi il va être interrogé, il pourra préparer sa justification, et aura la chance de montrer aussitôt son innocence.

Le projet est entré pleinement dans cet ordre d'idées. Pour la réalisation, il n'a pas ordonné l'assistance obligatoire du prévenu ou du conseil à toutes les mesures d'information ; il n'a pas cru devoir reproduire le décret de la Constituante, du 7 octobre 1789, qui ordonnait la lecture complète de toutes les pièces à l'inculpé ; il a jugé qu'il y avait là une précaution inutile, entraînant des répétitions et des longueurs. Il a atteint le même but, en prescrivant la rédaction d'un résumé complet et fidèle de toute la procédure, qui sera lu à l'accusé avant chacun de ses interrogatoires ; ce résumé devra, sous peine de nullité, être inscrit au procès-verbal. Que si l'on redoute un réveil de la partialité professionnelle du juge, se

(1) Rapport au Sénat, par M. Dauphin.

laissant entraîner par l'opinion personnelle qu'il a de l'affaire, à
une relation passionnée des faits, nous répondrons avec le rapport,
qu' « instruit de l'importance attachée par le législateur à l'exécution
de cette obligation, et garanti contre sa propre négligence par la
prévision de la publicité qui attend le document, il s'acquittera im-
partialement de son devoir (1) ».

Mais il est un premier interrogatoire, qui suit le mandat de comparution ou d'amener, et auquel il faut procéder immédiatement.
L'inculpé n'a pas encore de conseil, le dossier existe à peine contre
lui ; la précaution introduite par le projet n'aura donc pas ici son
application. Cependant, comme il y a intérêt à prémunir l'accusé
contre la surprise qui, dans le premier moment, pourrait troubler
sa défense, le juge d'instruction le préviendra que cette comparution
n'a pour but que de recevoir ses déclarations, et il devra l'avertir,
— et en mentionner à peine de nullité l'avis au procès-verbal, qu'il
est libre de rester muet sans créer un préjugé contre lui. Ce procédé un peu insolite a paru le meilleur pour maintenir le caractère
de garantie que doit présenter tout interrogatoire.

***

Ce serait peu de chose de faire naître la contradiction, si l'on ne
fournissait à l'inculpé le moyen de la mûrir, et de la rendre sérieuse
et efficace. La connaissance qu'on lui donne des charges relevées
contre lui, serait le plus souvent une formalité vaine, s'il devait
avec ses seules lumières se rendre un compte exact de leur portée
et de leurs conséquences. On a donc admis, comme corollaire de
l'idée de contradiction, la nécessité d'un conseil, qui devra être pris
parmi les avocats régulièrement inscrits ou les avoués. Le juge sera
tenu de prévenir l'inculpé, aussitôt après son premier interrogatoire,
qu'il a le droit de demander un défenseur, et au besoin il lui en
désignera un. C'est l'extension à l'instruction du bénéfice dont il jouit
actuellement au lendemain de l'arrêt de renvoi de la chambre d'accusation ; c'est encore l'égalité rétablie en faveur du prévenu dé-
tenu, puisque le prévenu libre peut s'adresser à un conseil, aussi
souvent qu'il le veut.

Mais l'avocat ne peut remplir utilement sa mission, que s'il suit

(1) Rapport au Sénat, par M. Dauphin.

pas à pas les actes de la procédure. Il faut qu'il puisse, en connaissance de cause conférer avec son client sur les mesures à requérir. Il faut surtout qu'avant chaque interrogatoire, « il ait examiné l'affaire avec lui, et avec lui prévu les questions, préparé les réponses, découvert au milieu des documents le fait, la phrase, quelquefois le mot qui fait éclater la vérité » (1). En principe donc, l'avocat aura avec l'inculpé libre communication, et on devra lui remettre les pièces toutes les fois qu'il le jugera utile. Ici apparaît son rôle, tel que l'a compris le projet sénatorial : il n'a pas voulu en faire un contrôleur de témoignages, un agent actif de l'information, — et nous reviendrons bientôt sur les raisons d'ordre pratique qui ont amené cette décision ; mais il en a fait un conseil, chargé d'assurer l'efficacité de la contradiction qu'on instituait. Le rôle de ce conseil sera surtout officieux, mais on voit assez qu'il sera néanmoins essentiel.

Par exception, et quoique l'interdiction de communiquer n'emporte pas nécessairement application de cette mesure à l'avocat, la loi a maintenu la faculté pour le juge de l'écarter lui-même de la cellule de l'accusé, dans les cas où l'intérêt de la recherche de la vérité le paraîtrait exiger ; mais ce moyen extrême a été entouré de garanties ; il est soumis à des conditions précises de durée, et l'ordonnance motivée qui le décrète est sujette à un recours devant la chambre du conseil.

Même ainsi limitée, l'innovation du projet a paru dangereuse à certains esprits timides, imbus des préjugés du Code actuel (2). Des orateurs y ont vu la destruction de la défense sociale. Répondre en détail à cette opinion, ce serait reprendre à nouveau la défense du principe de contradiction, que nous avons jugé nécessaire pour la garantie de l'accusé. Je ne puis cependant taire deux courtes réflexions : cet avocat dont vous jugez l'intrusion si funeste à la défense sociale, vous n'avez sans doute pas la prétention de l'interdire au prévenu libre ? faut-il donc ajouter encore à l'absence de liberté l'inégalité de la défense ? — Et puis, en tout état de cause, l'assistance de l'avocat n'est-elle pas obligatoire avant l'ouverture des débats publics ? voit-on pour cela, que l'accusation cesse d'at-

(1) Rapport au Sénat, par M. Dauphin.
(2) Discours de MM. de Gavardie, au Sénat, séance du 17 mai 1882, et Grandperret, séance du 21 mai (*Journal Officiel*, 1882, Sénat, pages 496 et 502).

tacher de l'importance à l'interrogatoire de l'audience, et ne le considère-t-elle pas encore comme l'expression des sentiments intimes que trahit toujours l'accusé ? Il faut mettre de côté cette suspicion injuste pour le barreau, que n'ont partagée ni la loi belge (1), ni le législateur autrichien (2), pour ne parler que des réformes récentes. Notre projet n'est pas bien hardi : il n'établit l'égalité pour la défense, qu'avec cette restriction que le magistrat peut suspendre un temps les garanties ordinaires. Faisons au moins en sorte que cette égalité demeure le droit commun.

***

L'assistance du défenseur et sa connaissance des pièces ont permis à la contradiction de se préparer d'une façon sérieuse : comment va-t-elle maintenant se formuler?

De deux manières : par la participation aux mesures d'instruction que le juge aura ordonnées, — et par le droit d'en provoquer de nouvelles.

Le projet a en vue, particulièrement sur ce point, d'établir une égalité aussi parfaite que possible entre le ministère public et la défense ; c'est là surtout qu'il s'est attaché à devancer la contradiction de l'audience. Sous la loi actuelle, nous voyons en effet une pénétration trop exclusive des deux fonctions séparées de l'accusateur et du juge. Le procureur a accès à tout moment au cabinet d'instruction ; il adresse directement ses réquisitions, sur lesquelles il doit être statué ; il prend une part active à tous les actes de l'information, constats, perquisitions, expertises. L'inculpé, au contraire, est soigneusement tenu en dehors de toutes ces mesures ; c'est loin de sa présence qu'on recherche les preuves de sa culpabilité, et on s'expose ainsi à rendre impossible une nouvelle expérience sur le corps du délit, qui aura disparu avant que l'intéressé ait pu formuler à son sujet des observations peut-être essentielles.

Le Sénat a fait cesser cette inégalité choquante ; il décide que quand le juge a ordonné un transport, le procureur de la République n'y pourra prendre part que si avis en a également été donné

(1) « Immédiatement après la première audition, l'inculpé pourra communiquer librement avec son conseil » (loi du 20 mai 1874, art. 3).

(2) « Au cours des constatations préliminaires et de l'instruction, l'inculpé peut se faire assister d'un conseil (loi du 1er janvier 1875, art. 45).

au conseil de l'inculpé ; le juge pourra néanmoins opérer seul, mais non pas en présence de l'une des parties seulement. Pour les perquisitions, on va plus loin : la présence de l'inculpé arrêté est obligatoire, et s'il ne veut pas y assister ou ne peut y prendre part, il doit être remplacé par un fondé de pouvoirs ou deux témoins. — Ces dispositions ont été fort critiquées, et on y a vu une surveillance offensante pour le juge; avec la commission nous répondrons qu'il n'y a là aucune suspicion contre le juge ; la contradiction s'établit cependant, mais entre la défense d'un côté, et le ministère public de l'autre, tout comme aujourd'hui pour l'audience, — et cela n'a rien qui ne soit rationnel.

L'organisation des expertises demandait aussi une réforme profonde. — On sait que les conclusions en sont souvent déterminantes, et qu'il est presque toujours impossible de renouveler les expériences au cours des débats. Or, l'absence de contradiction rend, pour ainsi dire, inévitables des contestations également pénibles pour l'accusation et pour la défense. « Il s'agit, je suppose, d'un empoisonnement, dit M. Bérenger ; on a trouvé du poison dans les viscères de la victime présumée ; les experts viennent produire leur rapport. Puis un avocat se lève, et, s'aidant d'ouvrages scientifiques cherchés dans les bibliothèques, il vient attaquer une à une les conclusions du rapport; il vient établir que les règles de la science n'ont pas été observées, que des constatations indispensables, que des précautions sans lesquelles il n'y a pas de sûreté dans les décisions rendues, ont été négligées (1). » Vous savez, Messieurs, que ce n'est pas là une hypothèse en l'air, que cela se produit, au contraire, très fréquemment. Il ne reste alors, pour toute ressource, qu'un supplément d'instruction, toujours douteux parce que l'objet n'est peut-être plus susceptible d'une nouvelle expérience. Tout en écartant la contradiction proprement dite, qui en créant des expertises parallèles, aboutirait à d'interminables discussions le projet a substitué un contrôle sérieux et effectif aux mesures aléatoires qui sont seules possibles aujourd'hui : sur une liste dressée chaque année par la Cour, le juge d'instruction choisira un ou plusieurs experts, et l'inculpé en désignera un de son côté, qui aura le droit d'assister aux opérations, d'adresser des réquisitions à ceux du juge, avec

---

(1) M. Bérenger, séance du 21 mai 1882. — *Journal Officiel,* Sénat, 1882, page 506.

pouvoir de consigner ses observations au pied du procès-verbal, ou à la suite du rapport. Enfin pour assurer pleinement la contradiction, le Sénat accorde à l'inculpé un droit de réquisition égal à celui que possède déjà le ministère public. Aujourd'hui, le juge d'instruction est libre d'écarter comme il lui plaît, les demandes de l'inculpé, tendant à provoquer de nouvelles mesures d'instruction, à faire entendre des témoins, à les confronter avec lui ; désormais, il ne pourra plus refuser ces recherches supplémentaires que par ordonnance motivée, et avec faculté de recours devant la chambre du conseil. L'accusé voit par là ses garanties puissamment renforcées, et il n'est plus à craindre que le juge écarte sans examen des moyens qui l'auraient peut-être définitivement innocenté.

***

Nous avons vu successivement, dans le projet, la contradiction naître, se développer, trouver son expression ; ce systême ne serait pas complet, s'il ne comprenait une garantie contre les abus possibles du juge d'instruction. Cette garantie, conformément aux principes généraux, consiste en un recours contre ses décisions. La nécessité de ce recours a été contestée, on en a même déclaré l'idée offensante pour le magistrat instructeur. Je pense cependant que, une fois admise, la faculté pour l'inculpé de requérir du juge une mesure d'instruction, il n'est pas possible de laisser à sa seule décision le pouvoir de l'accorder ou de le refuser, et je préfère un léger allongement de la procédure à la suppression de cette garantie. « Ce juge, disait au Sénat le rapporteur, est en effet un juge d'une nature particulière ; il est, quoiqu'il fasse, un peu engagé dans la question : c'est lui qui a fait arrêter, c'est lui qui a interrogé, c'est lui qui a ses idées, qui les poursuit ; il est parfaitement impartial dans sa pensée, mais enfin il a une légère tendance à croire qu'il n'a pas eu tort jusqu'ici dans l'instruction qu'il a faite (1)... », et si l'inculpé vient réclamer une mesure, il est quelque peu tenté de penser qu'elle est simplement dilatoire, et en conséquence de la repousser. Un examen de l'ordonnance par des magistrats absolument étrangers à l'affaire, complètera la garantie. Quant à la dignité du

(1) Discours de M. Dauphin, rapporteur, séance du 7 mai 1882. — *Journal Officiel*, 1882, Sénat, p. 409.

juge d'instruction, ce recours n'a rien qui lui soit contraire : car on n'a jamais pensé qu'il fût blessant pour les magistrats de première instance d'en appeler de leurs décisions devant la Cour, ni pour les Cours de soumettre à la juridiction suprême la valeur légale de leurs arrêts.

On ne pouvait confier ce recours à la chambre des mises en accusation, souvent éloignée du lieu de l'instruction. On en a chargé le tribunal civil de l'arrondissement lui-même, siégeant sans publicité, ou, comme l'on dit, en chambre du conseil. Cette institution n'a d'ailleurs guère que le nom de commun avec celle qu'avait organisée le Code, et qui a été supprimée par la loi du 17 juillet 1856. Sous ce régime, le juge ne rendait pas les ordonnances : il préparait seulement la décision, qu'on confiait au tribunal lui-même, comprenant précisément ce juge au nombre de ses membres. De là un double inconvénient : le magistrat instructeur avait sur ses collègues la plus profonde influence, au point de décider presque seul ; d'autre part, cet examen de l'affaire créait un préjugé presque insurmontable sur le fond pour le cas où elle devait revenir devant les mêmes juges siégeant correctionnellement. Dans la pratique enfin, l'avis de la chambre du conseil se réduisait à une simple formalité (1). — La juridiction qu'on rétablit sous le même titre n'aura qu'à statuer sur les incidents : on en écarte le juge d'instruction, comme on écarte toujours le magistrat du premier degré de la discussion en appel de ses jugements, et la présence du défenseur, qu'on y admet concurremment avec le ministère public garantit le débat de toute incursion préjudiciable sur le fond.

Si l'on ajoute que le principe de la contradiction est étendu à la chambre des mises en accusation, où le défenseur de l'inculpé et le conseil de la partie civile auront désormais accès (2), — on aura donné une idée générale des principales mesures par lesquelles le Sénat s'est efforcé de parer aux critiques que soulève l'organisation actuelle de l'instruction préparatoire. Longuement élaboré par des magistrats et des praticiens du barreau, soumis à l'épreuve de deux délibérations sérieuses et brillantes, ce projet me paraît avoir atteint

(1) Rapport au corps législatif, par M. Nogent Saint-Laurens, sur le projet modifiant plusieurs dispositions du Code d'instruction criminelle (Dalloz, 1856, 4e partie, p. 127.)

(2) Le projet voté par le Sénat, dispose, dans son art. 191, que les audiences de la Chambre des mises en accusation, ne seront pas publiques.

dans son ensemble le but qu'il se proposait. Ce que nous reprochons au Code de 1808, ce n'est pas d'avoir fortement armé la société, et donné au juge une puissance exceptionnelle : c'est, en face de cette organisation formidable, d'avoir laissé le prévenu sans garanties, et d'avoir accumulé tous les obstacles légaux contre sa justification. L'équilibre que nous demandions entre ces deux grands intérêts, nous croyons le trouver dans ce principe de la contradiction, qui donne des armes égales aux deux parties, sans amoindrir le pouvoir de celui qui doit diriger et conclure. Et nous pensons que les déductions successives que le projet a faites de cette idée, constituent des garanties nécessaires et suffisantes, alors que la réserve d'une suspension momentanée de ces garanties nouvelles protége efficacement l'intérêt de la répression.

*
* *

Mais on a trouvé timide et insuffisant cet ensemble d'innovations, et des esprits plus généreux sans doute que pratiques, en ont retardé la réalisation, en préconisant sur les mêmes points des réformes bien autrement radicales.

Les plus hardis souhaitaient l'établissement d'une instruction absolument publique, par l'extension des principes de la procédure de l'audience. Mais ce vœu n'est guère sorti du domaine de la théorie, et le Parlement n'a pas eu à le discuter sérieusement (1). Je l'imiterai sur ce point. Je me contenterai de formuler une remarque qui explique sans doute le peu d'importance que les hommes compétents ont attaché à cette idée de la publicité, tant vantée jadis, c'est qu'il ne faut pas abuser du facile argument des législations étrangères. On admire de confiance l'instruction publique anglaise, sans songer que nos mœurs, nos traditions, l'organisation générale de l'administration et de la justice dans notre pays diffèrent aussi profondément que possible des mœurs, du passé et de l'administration de l'Angleterre. Une réforme de ce genre, en admettant que notre génie national s'y pût un jour accommoder, serait une rupture violente avec tous les usages implantés chez nous depuis cinq ou six siècles. Ce n'est pas de la sorte qu'on procède en législation, où l'on doit se préoccuper moins des données de la théorie pure que des

(1) Cep. discours de M. Thévenet, à la séance du 14 janvier 1888. — *Journal Officiel*, Ch. des députés 1888, page 25.

réalisations pratiques et prochaines — Il ne faut pas perdre de vue notre attachement héréditaire pour les complications bureaucratiques, notre amour du mystère et de la procédure écrite, contre lesquels on commence à peine à réagir. D'autre part, tandis qu'on voit communément se former en Angleterre des associations pour la recherche des criminels, pour la répression de l'ivrognerie et de la débauche, il n'est pas douteux que la tendance populaire ne soit chez nous à entraver plutôt de parti pris l'action de la justice : » Nous n'avons pas à cet égard, disait M. Goblet à la Chambre (1), les mœurs de l'Angleterre ; la pratique de la liberté n'a pas encore constitué chez nous cette virilité individuelle, qui fait que chez nos voisins aucun citoyen n'hésite à dénoncer un crime ou un délit, et à se porter accusateur devant la justice. » Et il ne faut pas oublier que les Anglais eux-mêmes ont dû réagir dernièrement contre les abus de la procédure accusatoire, en créant dans les grands centres une institution assez analogue à notre ministère public.

**

Je pense donc que le système de la publicité de l'instruction n'a aucune chance d'être introduit de sitôt dans notre législation. Mais il faut s'arrêter un peu plus aux modifications que la Chambre des députés a apportées au texte que nous avons analysé plus haut ; la Chambre elle-même les a consacrées en première délibération en 1884. Reprises en 1888 et 1891 sans que les fluctuations de l'ordre du jour leur aient permis d'aboutir, ces propositions seront vraisemblablement discutées bientôt. Voyons donc rapidement en quoi elles diffèrent du projet sénatorial.

Nous avons caractérisé celui-ci d'une façon générale, en disant que, consacrant le pouvoir du juge d'instruction, il introduit devant lui l'égalité entre le ministère public et la défense. Nous caractérisons le projet de la commission de la Chambre en disant que, non content de maintenir cette contradiction entre les deux intéressés, il introduit une véritable défiance contre le juge d'instruction lui-même, en organisant un contrôle de ses actes. L'idée qui avait été le guide et la mesure du premier projet, c'était la nécessité de fournir à l'inculpé un moyen légal d'être au courant de tout, afin de se

(1) Discours à la Chambre, le 5 nov. 1884. — *Journal Officiel*. Débats parlementaires, Ch. des députés 1884, page 2194.

défendre et de provoquer des mesures de justification. L'idée à laquelle obéit ce second projet, c'est la surveillance des actes du magistrat instructeur, qui seule assurera efficacement son impartialité en prévenant tout abus possible ; pour la réaliser, on introduit dans son cabinet un représentant de l'accusé, aux interrogatoires et aux dépositions des témoins.

La réforme proposée est donc beaucoup plus profonde : on ne considère plus le juge d'instruction comme un magistrat également détaché de préoccupations en l'un ou l'autre sens et tenant la balance égale entre tous les intérêts ; on redoute qu'il soit plus porté contre l'inculpé que pour lui, et l'on demande l'assistance du défenseur aux actes de l'information parce qu'on craint la partialité du juge dans la relation qu'il en ferait.

Ce qu'on propose, c'est donc un contrôle universel du juge, et l'agent qu'on en charge, c'est l'avocat : « L'avocat, dit M. Léveillé, réunit en effet les qualités multiples qu'exige une tâche si délicate : il a l'expérience des choses du Palais, car il y vit ; il a l'indépendance de la situation, car il n'est pas encadré dans la hiérarchie des fonctionnaires publics ; il a de plus la fermeté du caractère, car il est habitué à la lutte ; il a enfin, ce qui ne gâte rien et ce qui est au contraire un avantage de plus, une déférence respectueuse pour la magistrature (1). » Fort bien et ce n'est pas moi, Messieurs, qui protesterai contre cette flatteuse appréciation de l'ordre auquel j'ai le grand honneur d'appartenir. Mais je crois que la question est un peu différente : sans doute l'avocat a toutes les qualités pour représenter admirablement son client ; il ne faut pas aller plus loin et voir en lui une sorte de représentant de la société, revêtu de cette impartialité qu'on dénie au juge d'instruction. Je me demande précisément si ce mandataire dévoué, indépendant, doit être dès ce moment engagé dans la lutte, s'il faut lui donner aujourd'hui le rôle qu'il aura à l'audience. Que deviendra l'interrogatoire, quand la moindre question du juge sera pesée par le ministère public d'une part, par l'avocat de l'autre, — que chacun demandera la parole sur la position de cette question, pour faire rectifier ou préciser ? Il devra, dit-on, la demander avant de l'obtenir, et faire mentionner le refus au procès-verbal ; il pourra encore, faire mentionner au bas

(1) M. Léveillé. *De la réforme du Code d'instruction criminelle*, page 12.

du procès-verbal qu'il refuse de le contre-signer parce qu'il lui paraît inexact ou incomplet, en tel ou tel point qui devra être précisé. Mais le juge ne sera plus « qu'une sorte de greffier chargé d'enregistrer ce qui aura été dit par les témoins sur les demandes des deux parties intéressées, mais il n'aura aucune espèce d'autorité ni sur le ministère public ni sur la défense (1) ». Est-il convenable, est-il habile de rabaisser ainsi son rôle ? Et ne craint-on pas que cette contradiction perpétuelle et discrète, cette défiance non déguisée de ses intentions, ce recours perpétuel à une juridiction supérieure pour le moindre refus d'obtempérer à des exigences souvent purement dilatoires, n'aient pour effet de froisser l'amour-propre du juge et de lui enlever quelque chose de sa sereine impartialité (2) ? Ne sera-t-il pas porté, pour éviter cette contrariété continuelle, à abuser de la faculté que la loi lui laisse de supprimer les communications avec le défenseur, et de retarder au dernier moment les interrogatoires ?

La présence de l'avocat et de l'inculpé aux dépositions des témoins, me paraît grosse de conséquences plus dangereuses encore. Ceux qui ont la pratique de ces choses savent combien il est difficile d'obtenir d'un témoin toute la vérité : « Lorsqu'il aura en face de lui le prévenu, disait M. Gomot, lorsqu'il sera forcé de dire une vérité qui peut-être va coûter la vie, l'honneur, la liberté, à un homme qui a été son voisin, son ami, qui est peut-être son parent, je me demande si l'on obtiendra aisément des déclarations loyales et entières... — Il suffira d'un geste suppliant, peut-être d'une menace, pour arrêter le témoin. En lui imposant un courage au-dessus des forces vulgaires, on en sera réduit trop souvent à des dépositions chargées d'hésitations et de réticences (3). »

Je pense donc que les dispositions ajoutées par la Chambre au projet sénatorial, sont de nature à compromettre la défense sociale, et à rompre ainsi en sens inverse cet équilibre que nous avons jugé nécessaire pour constituer une bonne instruction. Ainsi amendée, la loi aurait, de plus, le tort grave d'être impraticable. Elle surcharge la fonction des juges d'instruction, dont le nombre devrait au moins

(1) M. Gomot, séance du 15 novembre 1887. — *Journal Officiel*, Ch. des députés 1887, p. 2054.
(2) M. Deberly, séance du 14 janvier 1888. — *Journal Officiel*, Ch. des députés 1888, page 21.
(3) M. Gomot, séance du 15 nov. 1887.

être doublé, et elle impose les plus lourdes charges au parquet, dont
le représentant, unique dans les petits tribunaux, ne pouvait suffire
à cette surveillance incessante du juge. Mais le service de la défense serait encore bien plus difficile à assurer ; dans les grands
centres judiciaires, il y aurait sans doute assez d'avocats pour y suffire, mais, dans beaucoup de villes, on serait obligé de recourir aux
avoués, et serait-il possible de les arracher sans cesse à leur pro-
fession principale, pour ce service presque toujours gratuit ? Et il
ne faut pas oublier enfin les dépositions de témoins qui se produisent
souvent, devant un juge commis, à des distances très considérables :
comment y exiger encore la présence du conseil ? Je ne pense pas,
en tout cas, que le concours de deux citoyens, comme on l'a pro-
posé, remplacerait suffisamment un avocat. On en arriverait donc à
ce résultat, que la loi ne pourrait s'appliquer que pour les riches, qui
seuls auraient « l'avocat utile, exact, agissant, consacrant un mois,
quinze jours, huit jours de sa vie à toutes les phases d'une information criminelle (1). » Est-ce là l'égalité qu'on a prétendu établir ?

Ces objections, que la commissio n de la Chambre n'a écartées qu'à
une seule voix de majorité, me semblent fortes. Nous devons, je
crois, faire des vœux pour qu'elles triomphent dans la prochaine
délibération. La réforme de l'instruction criminelle compte en effet
dans le programme de travail que le Gouvernement a soumis à la
Chambre au début de cette législature (2) : souhaitons que, pre-
nant pour base le projet du Sénat, elle la conduise dans un esprit
libéral et pratique, qui respecte également tous les intérêts et tous
les droits.

**

Pour compléter son œuvre, elle ferait bien de réformer un autre
abus, qui se comprenait sous le despotisme du premier Empire,
mais qui cadre mal avec les progrès de l'esprit public. Les institutions valent surtout par les hommes qui les appliquent : nous aurons
donc fait peu de chose, tant que nous n'aurons pas placé le juge
d'instruction dans les conditions d'indépendance véritable qui constituent la plus sûre des garanties. Ce magistrat est bien réellement
un juge, comme son nom l'indique, car « déclarer qu'il y a char-

(1) Rapport de M. Dauphin au Sénat.
(2) Déclaration du Gouvernement, lue aux Chambres le 24 nov. 1893.

ges suffisantes contre un inculpé, et le renvoyer devant la juridiction compétente, n'est-ce pas juger ? Le magistrat instructeur juge quand il rend une ordonnance de même que les magistrats de la Chambre des mises en accusation jugent quand ils rendent un arrêt de renvoi devant le jury (1). » Eh bien, ce juge, le Code et la loi projetée le privent des garanties qui sont accordées aux autres juges ; elles le mettent dans une situation, qu'un orateur (2), à la Chambre, a pu qualifier « d'équivoque, de fausse, et de subalterne ». Il informe, et il est sous la surveillance de celui qui poursuit, c'est-à-dire du Procureur général, qui est lui-même un agent du pouvoir exécutif. Le projet du Sénat accentue encore cette dépendance, en limitant l'instruction « aux faits et aux individus qui sont l'objet du réquisitoire du Procureur de la République (3). » Dans ces conditions, on peut dire que, si le juge est indépendant, ce sera en dépit de la loi et contre son vœu.

Nous n'avons pas à examiner, car ce serait sortir du cadre que nous nous sommes tracé, les différents systèmes qui ont été proposés pour arriver à la réalisation de cette indépendance. On a exprimé le vœu que l'instruction devînt une carrière spéciale, où l'on pût acquérir une grande habileté professionnelle, en même temps qu'une situation hiérarchique élevée. Mais ce qu'on peut faire, et ce qui serait un début heureux dans cette voie, ce serait de ne plus confier l'instruction qu'à des juges titulaires, et de donner à ces fonctions, comme à toutes celles des juges, la garantie de l'inamovibilité.

Quoi qu'il en soit, le système actuel d'instruction est définitivement condamné ; tous veulent ajouter aux garanties de la défense : on hésite seulement sur l'étendue et sur la forme de ces garanties. Il n'est personne qui ne doive souhaiter de voir l'accord se faire promptement sur ce point dans le Parlement. Le jour où cette grande réforme sera entrée dans nos Codes, notre Ordre devra tout particulièrement se réjouir. Aujourd'hui, l'avocat a déjà un assez beau rôle, et il n'est pas rare de voir son habileté pallier les vices de la loi. Mais sa responsabilité est bien lourde, son intervention bien

(1) *Du juge d'instruction*, discours prononcé à l'audience de rentrée, le 16 oct. 1888, par M. Fachot, procureur général près la Cour d'Orléans.
(2) M. Piou, séance du 15 nov. 1887.
(3) Rapport de M. Dauphin. Art. 44 du projet.

limitée : il semble qu'on l'appelle alors seulement qu'on ne peut se passer de lui. En l'associant d'une manière intime aux opérations préparatoires, en faisant de lui dès le premier jour un agent indispensable de l'information, le projet lui donne une lourde charge, qu'il saura vaillamment porter, et lui fait un grand honneur, auquel il saura dignement répondre. Le barreau applaudit à la réforme, parce qu'elle étend son rôle de dévouement et de justice.